Vente des Vendredi 2 et Samedi 3 Juin 1876

RUE DROUOT, 5, SALLE N° 2

À DEUX HEURES PRÉCISES

# BEAUX BRONZES

### FINEMENT CISELÉS ET DORÉS

PROVENANT

## De la Maison LÉVY frères

Fabricants de Bronzes, à Paris

---

### EXPOSITION PUBLIQUE

Le Jeudi 1er Juin 1876, de deux heures à six heures

---

| M° ÉMILE LECOCQ | M. WAGNER FILS |
|---|---|
| COMMISSAIRE-PRISEUR | EXPERT |

---

PARIS — 1876

# CATALOGUE

DE

# BEAUX BRONZES

## FINEMENT CISELÉS

## DORÉS, POLIS ET ARGENTÉS

STYLES LOUIS XV ET LOUIS XVI

Pendules, Candélabres
Lustres, Bras, Flambeaux, Bougeoirs, Lampes, Services de table
Figures, Vases, Coupes, Jardinières en porcelaine
et Assiettes montées en bronze, etc.

DONT LA VENTE AUX ENCHÈRES PUBLIQUES AURA LIEU

PAR SUITE DE CESSATION DE FABRICATION

### De la Maison LÉVY frères

FABRICANTS DE BRONZES, A PARIS

Et ce, en vertu d'une autorisation du Tribunal de commerce de la Seine,
en date du 3 Mai 1876, enregistrée

## RUE DROUOT, 5, SALLE N° 2

AU PREMIER ÉTAGE

### Les Vendredi 2 et Samedi 3 Juin 1876

A DEUX HEURES PRÉCISES DE RELEVÉE

Par le ministère de M<sup>e</sup> **ÉMILE LECOCQ**, Commissaire-Priseur,
rue de la Victoire, 20,

Assisté de **M. WAGNER fils**, Expert, ancien fabricant de bronzes,
passage Vaucouleurs, 2 *bis*,

CHEZ LESQUELS SE DISTRIBUE LE CATALOGUE.

### EXPOSITION PUBLIQUE

Le Jeudi 1<sup>er</sup> Juin 1876, de deux heures à six heures.

---

PARIS — 1876

## CONDITIONS DE LA VENTE

La vente sera faite au comptant.

Les Acquéreurs paieront CINQ POUR CENT. en sus du prix d'adjudication.

# DÉSIGNATION

## PENDULES

1 — Pendule (*Amour et Sagesse*), style Louis XVI, avec socle en bois noir, et deux statuettes d'enfants avec corbeille, formant accompagnement. (*Sans mouvement.*)

2 — Pendule (*Tourtereaux*), avec porcelaine et cadran, fond turquoise, peintures enfants, dorure demi-mat.

3 — Pendule (*les Quatre Saisons*), style Louis XVI, avec porcelaine et cadran, peintures fond bleu foncé, dorure demi-mate et candélabres d'accompagnement.

4 — Pendule (*Enfants corbeille*), style Louis XVI, en bronze doré demi-mat.

5 — Pendule (*Michel-Ange*), dorure demi-mate, peintures genre émail.

6 — Pendule (*Ariane et Bacchus*), dorure demi-mate, avec socle restauré en porcelaine (*sans mouvement*), peintures genre émail.

7 — Pendule (*le Défi*), dorure demi-mate, avec colonne porcelaine turquoise, et cadran en porcelaine.

8 — Pendule (*Enfants musiciens*), avec plaques porcelaine pâte tendre, fond bleu turquoise

9 — Grande Pendule (*Jour et Nuit*), avec boule bleue et socle porcelaine, genre émail.

10 — Pendule genre mauresque avec porcelaines fond bleu (non terminée).

11 — Pendule (*Enfants danseurs*), bronze et or, socle porcelaine, peinture genre émail.

12 — Pendule (*Architecture*), bronze poli, avec cadran porcelaine et peintures genre émail.

13 — Pendule (*Amour et Folie*), style Louis XVI, dorure demi-mate, avec cadran porcelaine et plaques amours, fond turquoise.

14 — Pendule (*Amour et Folie*), dorure or vierge, cadran porcelaine et plaques avec peintures fond turquoise.

15 — Pendule (*les Sciences*), style Louis XVI, dorure or moulu, avec plaques porcelaine fond turquoise.

15 — Pendule (*Trophée pastoral*), dorure demi-mate avec peintures genre émail.

17 — Pendule (*Colombe chérie*), avec marbre et plaques porcelaine, fond turquoise, dorure demi-mate.

18 — Pendule (*Guerriers*) bronze doré et argenté, avec candélabres d'accompagnement.

19 — Pendule (*Enfants guerriers*), avec médaillons peinture grisaille.

20 — Pendule (*trois Oiseaux*), dorure demi-mate et peintures grisaille genre émail.

21 — Pendule (*Trophée pastoral*), bronze or moulu et peintures genre émail.

22 — Pendule (*quatre Oiseaux*), bronze doré demi-mat, avec porcelaine grisaille, genre émail.

23 — Pendule (*quatre Oiseaux*), bronze or moulu, avec grisailles genre émail.

24-25 — Pendule (*Enfants sculpteurs*), bronze doré demi-mat et porcelaines grisailles, genre émail.

26 — Pendule (*Enfants dénicheurs*), style Louis XVI, bronze doré demi-mat, et peintures genre émail.

27 — Pendule (*deux Enfants dauphins*), bronze doré demi-mat, avec porcelaines fond turquoise.

28 — Pendule (*Sanglier*), style ancien tout bronze.

29 — Pendule (*Enfants dauphins*), bronze doré demi-mat, peintures fond bleu foncé, avec candélabres d'accompagnement.

30 — Pendule (*Enfants tritons*), bronze doré demi-mat avec porcelaines et peintures genre émail.

31 — Pendule (*Sapho*), bronze vieil argent, avec peintures fond vert.

32 — Pendule (*Écusson*), bronze doré or moulu, avec peintures fond turquoise.

33 — Pendule (*Enfants rinceaux*), bronze doré demi-mat, avec porcelaines fond turquoise.

34 — Pendule ancienne Louis XVI, bronze doré mat ancien.

35 — Pendule (*Danse des Saisons*), avec boule bleue, bronze doré demi-mat, peintures genre émail, avec candélabres d'accompagnement à bouquets de lys.

36 — Pendule (*Danse des Saisons*), bronze doré demi-mat, avec boule dorée et peintures genre émail.

37 — Pendule console femme Louis XVI, avec vase, bronze doré demi-mat, peintures fond rose grisaille.

38 — Pendule (*Enfants avec petit vase*), bronze doré demi-mat et peintures fond turquoise.

39 — Pendule (*Poésie des champs*), bronze doré demi-mat, avec peintures fond turquoise,

40 — Pendule (*Enfance de Bacchus*), bronze doré or moulu, avec peintures fond rose.

41 — Pendule chinoise, bronze or vierge, avec médaillons porcelaine fond vert et or, cadran porcelaine.

42 — Pendule (*Apollon*), bronze doré demi-mat, avec faïences pâte tendre, décor or.

43 — Pendule (*Petits Musiciens*), style Louis XVI, bronze doré demi-mat et peintures grisailles sur fond bleu.

44 — Pendule (*la Paix et la Guerre*), style Louis XVI, bronze doré demi-mat, avec médaillons Louis XIV et peintures bleu foncé.

45 — Pendule (*le Commerce*), style Louis XVI, bronze doré demi-mat, avec porcelaines pâte tendre.

46-47 — Pendule style byzantin, bronze doré or moulu, avec médaillons porcelaine, genre émail.

48 — Pendule-cage Louis XVI, bronze doré mat, avec peintures genre émail.

49 — Pendule (*Pandore*), style Louis XVI, bronze doré demi-mat, avec porcelaine pâte tendre fond turquoise.

50 — Pendule (*les Beaux-Arts*), bronze doré demi-mat, avec porcelaine fond bleu foncé.

51 — Pendule (*Vigne*) en bronze or moulu, avec cage en porcelaine fond turquoise.

52 — Pendule (*Lyre*) style Louis XVI, en bronze doré demi-mat et porcelaine grisaille, genre émail.

53 — Pendule (*Lyre à oiseaux*) style Louis XVI, en bronze doré mat et porcelaine fond turquoise.

54 — Pendule (*Enfant à la coupe*), bronze doré demi-mat et porcelaine fond turquoise.

55 — Pendule (*petites Cariatides*) style Louis XVI, bronze doré demi-mat, cadran porcelaine et peintures sur fond rose.

56 — Pendule (*Diane*) style Louis XVI, bronze doré demi-mat, avec peintures sur porcelaine fond turquoise.

57 — Pendule (*Diane*), bronze or vierge, avec plaques porcelaine fond turquoise.

58 — Pendule (*les Cinq Sens*), bronze doré, avec plaques porcelaine, peintures grisailles, genre émail.

59 — Pendule (*les Cinq Sens*) bronze d'art, avec socle marbre noir et griotte.

60 — Pendule-Console style Louis XVI, bronze doré avec porcelaine fond turquoise, sujet pastoral.

61 — Pendule (*Enfant à la chèvre*) bronze et or, socle marbre blanc.

62 — Pendule (*Enfants aux cygnes*), bronze doré, or moulu, avec porcelaine fond turquoise.

63 — Pendule style flamand en bronze doré, avec médaillons porcelaine, peintures genre émail.

64 — Pendule (*Griffons*), bronze or moulu, avec peintures porcelaine fond bleu turquoise.

65 — Pendule (*Amour et Zéphir*), bronze et or, à médaillons et peintures genre émail rose.

66 — Pendule style Louis XVI à *draperies*, bronze doré demi-mat avec cadran porcelaine fond bleu foncé.

67 — Pendule style Louis XVI, à *draperies*, bronze doré demi-mat, et porcelaine peintures grisaille sur fond rose.

68 — Pendule (*l'Été et l'Automne*), bronze doré et peintures grisaille.

69 — Pendule (*la Liseuse*), bronze et or, avec peintures genre émail.

70 — Pendule (*Pénélope*), bronze doré demi-mat, avec peintures genre émail.

71 — Pendule (*Mercure*), bronze doré demi-mat, et peintures grisaille genre émail.

72 — Pendule (*Première pensée*), bronze et or, avec peintures grisaille.

73 — Pendule (*Cascade*) style Louis XVI, bronze doré or moulu, avec plaques porcelaine (*Vierge à la chaise*).

74 — Pendule style Louis XVI, rubans, bronze doré demi-mat, avec porcelaine et cadran fond turquoise.

75 — Pendule style Louis XVI, rubans, or moulu, avec porcelaine fond turquoise et cadran émail, genre ancien.

76 — Pendule (*Chasseur*), bronze doré et argenté avec appliques.

77 — Grande Pendule (*Sphinx*) style Louis XIV, bronze doré or vierge, avec médaillon Louis XIV et peintures genre émail.

78 — Pendule (*Cariatides*), bronze doré demi-mat, cadran porcelaine avec peintures sur fond turquoise, et Candélabres (*Vase*) d'accompagnement à trois lumières.

79 — Pendule (*Amour malin*) style Louis XVI, sur socle carré, porcelaine fond turquoise.

80 — Pendule (*Enfants dénicheurs*), bronze doré or moulu, peintures sur fond turquoise. (*Une plaque fracturée.*)

81 — Pendule d'après l'ancien (*Femme à l'oiseau*), avec porcelaine pâte tendre et perles sur fond turquoise.

82 — Pendule (*Bacchante et Enfants*), bronze doré demi-mat, avec peintures genre émail.

83 — Pendule (*le Réveil de l'Amour*), bronze doré demi-mat, avec peintures genre émail sur fond rose.

84 — Pendule (*Vase*), gros enfants bronze et or moulu.

85 — Pendule petit vase gros bleu (*Enfants toilette*), bronze doré demi-mat.

86 — Pendule (*Minerve*), bronze doré demi-mat, cadran porcelaine et peintures grisaille sur fond rose.

87-88 — Pendule rocaille, bronze doré demi-mat, avec peintures sur porcelaine fond bleu foncé.

89 — Pendule vase bleu (*Enfants dauphins*), bronze doré or moulu.

90 — Pendule (*la Toilette*), bronze doré et argenté.

91 — Grande Pendule (*la Toilette*), bronze or vierge, avec Candélabres d'accompagnement.

92 — Pendule (*Rinceaux*), bronze doré demi-mat, avec socle marbre blanc et Candélabres d'accompagnement.

93 — Pendule (*Enfants médaillons*), bronze doré demi-mat, cadran porcelaine, peintures sur fond turquoise.

94 — Pendule (*Enfants médaillons*), bronze doré demi-mat, cadran émail.

95 — Pendule (*Char de Vénus*), bronze doré demi-mat, peintures grisaille sur fond bleu, genre émail.

96 — Pendule-Borne (*Oiseaux*), bronze doré demi-mat, peintures grisaille sur fond rose.

97 — Pendule (*Diane*), d'après l'ancien, avec peintures sur fond bleu.

98 — Pendule (*la Toilette*) avec enfant, bronze doré demi-mat, et peintures sur fond turquoise.

99 — Pendule-Borne (*Vase avec couvercle*), bronze doré demi-mat, et peintures sur fond turquoise.

100 — Pendule (*Chevaliers*) avec peintures sur fond bleu et Candélabres d'accompagnement.

101. — Pendule Louis XVI, guirlande, tout bronze, dorure demi-mate.

102. — Pendule (*Tourtereaux*), or moulu, avec peinture grisaille sur fond rose, genre émail.

103. — Pendule à colonne ancienne, avec socle marbre, or moulu.

104. — Pendule (*Poésie*), trois figures, tout bronzé, dorure doré demi-mate.

105. — Pendule (*Deux Amours*), et médaillons grisaille, doré or moulu.

106. — Pendule (*Sapho*), marbre et onyx, avec figure argentée.

107. — Pendule - Buste, bronze doré et argenté, sur marbre onyx.

108. — Pendule (*Femme Automne*), bronze, sur marbre noir.

109. — Pendule-Console, à mouvement visible, sur marbre noir.

## CANDÉLABRES, FLAMBEAUX ET BOUGEOIRS

110. — Deux Candélabres, bronze doré, à têtes de béliers, avec porcelaines pâte tendre fond bleu, à quatre lumières.

111. — Deux Candélabres (*Enfants danseurs*), bronze et or, à cinq lumières.

112. — Deux Candélabres Louis XVI, bronze doré, avec porcelaines et peintures grisaille sur fond bleu, à trois lumières.

113. — Petit Candélabre triangle, avec porcelaine, peinture grisaille sur fond bleu, à quatre lumières.

114. — Candélabre triangle, avec porcelaines, peintures, grisaille sur fond bleu, à neuf lumières.

115 à 143. — Candélabres, flambeaux et bougeoirs, divers styles.

144. — Candélabre bronze doré, pied carré et porcelaine turquoise, à quatre lumières.

145. — Candélabre bronze doré, à vase porcelaine fond turquoise, à cinq lumières.

## LUSTRES

147. — Grand Lustre bronze doré, avec boule, porcelaine, turquoise, à 24 lumières.

148. — Lustre cristal bleu et bronze doré, à 15 lumières.

149. — Lustre porcelaine rocaille pâte tendre, turquoise, à vingt lumières.

150. — Lustre rocaille, bronze verni et porcelaines fond rose, à vingt-quatre lumières.

151. — Lustre rocaille porcelaine fond turquoise, à douze lumières.

152. — Lustre bronze doré et cristal, à vingt lumières.

153-154. — Deux Lustres cristal, à six lumières.

155. — Lustre flamand, tout bronze, à six lumières.

## BRAS, SUSPENSION

156 — Deux Bras bronze verni, à bouquet de roses, style Louis XVI, à trois lumières.

157 — Deux Bras rocaille, bronze (*Enfants tritons*) à sept lumières.

158 — Deux Bras, tête de satyre, bronze verni à cinq lumières.

159-160 — Deux paires de Bras bronze verni, avec porcelaines.

161 — Suspension bronze verni, avec porcelaine fond turquoise.

162 — Suspension bronze verni, à six lumières.

## GROUPES ET STATUETTES

163 — Moïse, d'après Michel Ange.

164-165 — Penseur. (N°s 1 et 2.)

166 — Chèvre *Amalthée*, d'après *Jullien*.

167 — Vénus et les Amours.

168 — Cheval de Marly.

169 — Enfants au cœur, de *Falconnet*.

170 — Jeune Fille à la colombe, de *Pradier*.

171 — Moïse sauvé des eaux.

172 — Joueuse d'osselets.

173 — Enfants vendangeurs.

174 — La Poupée cassée, de *Salmson*.

175 à 177 — Géographie.

178 — Batelière italienne.

179 — Italien.

180 — Sapho, de *Devault*.

181 — Colombe chérie.

182-183 — Napoléon Ier et Annibal.

184 — Toilette de Vénus.

185 — Passage du gué.

186 — Enfant au chien.

187 — Baigneuse, de *Falconnet*.

## VASES, SURTOUT, JARDINIÈRES, LAMPES, COFFRETS, ETC.

189-190 — Deux grands Vases style Louis XIV, porcelaine fond vert, sujet pastoral.

191 — Grand Vase, porcelaine fond turquoise (*Triomphe de Vénus*, d'après Boucher) et Cartel de fleurs, avec monture cariatide (*Femme*), style Louis XV, en bronze doré.

192-193 — Deux Vases (*les Ages de la vie*) : l'un doré mat et l'autre au vieil argent.

194 — Surtout de table, monture bronze doré, très-riche, avec porcelaine pâte tendre bleu foncé.

195 à 201 — Jardinières diverses.

202 — Deux Lampes porcelaine (*Cérès*), pâte tendre bleu foncé.

203-205 — Trois Lampes grecques en bronze.

206 à 225 — Lampes et Vases divers, en porcelaine, montés en bronze.

226 à 232 — Six Coffrets avec ou sans porcelaine.

233 à 237 — Quatre Assiettes vieux Sèvres, décors modernes avec monture en bronze doré.

238 — Sous ce numéro, des Pièces non cataloguées.

V<sup>es</sup> Renou, Maulde et Cock, Impr<sup>s</sup> de la Compagnie des Commissaires-Priseurs, rue de Rivoli, 144.  65743

Vᵉ RENOU, MAULDE et COCK
IMPRIMEURS DE LA COMPAGNIE DES COMMISSAIRES-PRISEURS
Rue de Rivoli, 144.

www.ingramcontent.com/pod-product-compliance
Lightning Source LLC
Chambersburg PA
CBHW071438060426
42450CB00009BA/2237